AF227371

DU

BUSTE

ET DU

Banquet d'Inauguration

Offerts par ses Amis

M. BAUDIN.

Et nos neveux, en voyant notre hommage,
Se convaincront qu'on a bien dû l'aimer.

(Couplets de M. Brous.)

Versailles. — Imprimerie de ALLOIS, avenue de S.-Cloud, nº 3.

A nos Amis.

Vous désiriez depuis long-temps, Messieurs, rendre un hommage solennel à l'ami dont chacun de nous s'honore ; vous attendiez avec impatience l'occasion de payer un témoignage public d'estime et d'attachement au concitoyen que ses vertus et son aimable caractère ont fait chérir parmi vous. Elle s'est enfin présentée. Une main habile a reproduit les traits de M. Baudin, et vous lui avez offert son image comme le présent le plus digne de vous et de lui-même. Entre le modèle et le buste, vous avez fêté dans une réunion générale celui qui depuis quarante ans fait l'ornement de vos sociétés particulières. Avant de vous séparer, vous avez voulu perpétuer la mémoire de cette fête de famille. Ce n'est pas que vos cœurs dussent jamais l'oublier ; ses charmans souvenirs y sont gravés en caractères immortels, et les impressions de l'âme sont bien éloquentes ! mais vous avez pensé à vos enfans ; vous avez voulu leur laisser une part du plaisir dont vous avez joui, et les admettre en quelque sorte à l'héritage de vos affections les plus chères : vous avez pensé surtout à la famille de ce respectable et charmant ami, au sein de laquelle doit se transmettre le monument durable qui lui est offert, et vous avez jugé que le récit de la fête à laquelle il a donné lieu devait en être inséparable.

Vos secrétaires se sont efforcés de remplir votre attente. La tâche eût été bien facile, si l'élan du cœur pouvait se peindre; mais le mouvement du style égale-t-il l'entraînement de l'amitié? Ils n'auraient pas douté du succès, s'ils eussent pu écrire comme ils sentent.

du Buste

ET

du Banquet d'Inaugural

OFFERTS PAR SES AMIS

à

M. BAUDIN.

———————

On parle toujours d'amitié; rien n'est plus
commun à présent : tout le monde a des amis!
Voyez ce grand, au sein des honneurs : quelle
foule assiége ses salons dorés! Pour un, il en a
mille! Je sais bien qu'on a dit que c'étaient des
courtisans, et qu'au lieu de mon ami, ils l'ap-
pelaient Monseigneur, ce qui n'est pas la même
chose. Mais ce gros financier qui prête à des rois,
et à lui seul est un trésor public, apercevez-
vous à travers la fumée enivrante qui s'élève de
sa table, ce cercle d'amis qui l'environnent? Ceux-
là sont véritables, je pense; ils ont bien ce faible
qui caractérise l'amitié; ils trouvent de l'esprit à
leur Amphytrion. Et cet homme en place, qui
peut disposer de vingt ou trente emplois, et
donne des audiences; il a des amis qui lui étaient

dévoués avant son règne ; du moins ils le disent. Il n'est pas jusqu'à ce riche propriétaire, dont les trois filles à marier brillent du reflet de tout l'or de leur dot, qui n'ait des amis, et si parfaits, que pour devenir encore plus intimes, ils briguent tous l'honneur d'entrer dans sa famille.

Otez la noblesse, s'écrie-t-on de toutes parts, ôtez la fortune ; qu'il n'y ait plus de places à distribuer, de gendres à choisir, et regardez ce qui vous reste. O Amitié ! où donc placer ton temple ?

Un tableau plus doux remplace les fausses couleurs qui fatiguaient nos yeux sans les satisfaire. D'anciens amis, des camarades de collége, aujourd'hui pères de famille, rendent hommage à leur doyen dans des réunions où les sentimens d'estime et d'amitié réciproques s'affermissent et se perpétuent. Celui qu'ils honorent est leur ami commun, leur concitoyen, le frère de celui qui fut jadis leur maître, également chéri par les souvenirs qui l'entourent, par ses qualités, par son esprit, et sa gaîté qui ne s'est jamais démentie ; il préside depuis quarante ans ces réunions auxquelles il prête le charme de son caractère. Objet d'une sorte de culte aussi pur que désintéressé, on le recherche autant qu'on l'aime ; sa présence est le signal du plaisir, et son enjouement, fécond en piquantes saillies, est l'âme de toutes les fêtes. Jeune avec la jeunesse, plus grave avec les vieillards, se pliant avec grâce à la bouillante ardeur de l'une et à la sagesse des autres, il est l'homme de tous les âges, et réunit dans son amitié tous les temps, toutes les affections, étendant ainsi autour de lui le cercle des relations aimables.

M. Baudin, dont nous venons d'esquisser le portrait, né à Saint-Germain-en-Laye en 1751, frère et oncle des instituteurs qui se sont succédés dans cette ville, s'y est fait distinguer par une longue suite de travaux honorables, par des qualités solides, et surtout un esprit aimable que l'adversité même n'a pu altérer. Escorté de soixante années de vertus et d'estime, il a traversé sa génération contemporaine et celle qui l'a suivie, recueillant successivement l'amour de toutes les deux. Riche de cette moisson honorable, ses amis de toute époque ont voulu qu'il pût y joindre encore un gage plus solennel et plus durable de leur attachement. Leur comité a résolu de lui offrir son buste, et a formé une souscription à cet effet. M. Huguenin, dont le talent égale la modestie, s'est chargé de reproduire ses traits, et son art a fidèlement rendu leur verve et leur originalité. Enfin, il a été décidé que la fête d'inauguration aurait lieu le 4 novembre 1828.

Ce jour était celui de la fête du Roi : on découvrait à Saint-Germain le fronton de l'église qui venait d'être enfin terminée; la ville entière s'applaudissait de la faveur méritée par un de ses dignes magistrats, que le Roi avait nommé membre de la légion d'honneur. Chacun était dans la joie, à l'exception du petit nombre de gens qui (¹), mécontens de tout, blâment et critiquent tout par esprit de contradiction; l'allégresse était générale.

Pouvait-on mieux terminer la journée que par un banquet solennel, offert à un citoyen chéri. Quarante amis, dont plusieurs étaient venus de loin, s'étaient réunis pour cette fête, et le nombre eût été plus grand encore, si plusieurs d'entre ceux qui étaient invités, n'eussent été trop éloignés ou trop retenus.

MM. Rolot et Chappé, tous deux commissaires, avaient ordonné les détails de la cérémonie avec un soin particulier, et qui mérite la reconnaissance des convives. M. Baudin, le héros de la fête, comme un père au milieu de ses enfans, a reçu les nombreux embrassemens de l'assemblée qui se pressait autour de lui dans la salle du

____

(¹) Allusion à un écrit intitulé : *Cursus Calami*, récemment publié contre le maire de Saint-Germain, qui s'y trouve injustement attaqué.

banquet, que M. Sansrefus, l'un d'eux, avait bien voulu décorer avec autant de goût que d'élégance. En face de M. Baudin, était son buste, couronné de fleurs, avec cette inscription : *Offert par l'amitié.* Lui-même avait d'un côté, près de lui, M. Brous, président du repas, et M. Huguenin, l'auteur du buste, que chacun félicitait sur la ressemblance de son ouvrage.

M. Brous, dont nous avons parlé tout-à-l'heure, compatriote et intime de M. Baudin, compagnon de ses plaisirs dans toutes les réunions précédentes, rival heureux de son esprit et de sa grâce, avait été désigné pour présider l'assemblée. Entre les deux services, et au moment où la franche gaîté électrisait les convives, il s'est levé, et après avoir réclamé le silence, il a pris la parole en ces termes :

« Avant d'ouvrir les toasts, et de proposer le mien pour début, j'éprouve le besoin, Messieurs et Amis, de vous témoigner toute ma gratitude pour l'honneur que vous avez bien voulu me faire, en m'appelant à présider votre aimable réunion. Je sais qu'il n'y a pas un de vous qui n'en soit plus digne ; mais vous aurez voulu, sans doute, fêter d'autant plus notre ami, en plaçant ici l'un de ses amis les plus anciens.

« Il est vrai, Messieurs, qu'autrefois, et pendant que j'avais le bonheur d'habiter Saint-Germain, chaque jour je passais plusieurs heures avec lui. Il ne se faisait pas de réunion qu'on ne nous vît arriver ensemble, comme de conserve. Je vais bientôt retourner dans la capitale, et m'arracher d'auprès de vous ; je conserverai de beaux souvenirs de cette fête, et du peu d'heures qui se sont écoulées au milieu de vous ; j'aurai aussi de vifs regrets d'en avoir vu la fin ; je m'en consolerai en pensant que vous voudrez bien renouveler la même fête ; si ce n'est tous les trois mois, tous les six mois : qu'elle soit au moins une réunion annuelle.

« Je porte la santé de l'ami Baudin, du héros de la fête, et de l'artiste qui a su si bien nous rendre ses traits. Ces deux noms doivent être en ce jour inséparables ! »

Ce discours et la santé qui l'a suivie ont été accueillis par des applaudissemens unanimes. M. Baudin a reçu avec effusion de cœur, et M. Huguenin avec une modestie qui donnait plus de prix encore à son mérite, l'empressement des convives. Ce triomphe des arts et de l'amitié avait quelque chose de beau et de touchant qu'il est impossible de rendre, mais que toute l'assemblée a bien senti. Pendant le second service, c'était un entraînement général : chacun attendait avec impatience que le moment d'exprimer le vœu de son cœur fût arrivé.

Alors M. Baudin, dont l'âme était profondément émue, a remercié l'assemblée en ces mots :

« Messieurs, les témoignages d'amitié que vous voulez bien me donner, m'honorent autant qu'ils me touchent ; si j'étais orateur, si j'avais l'éloquence d'un Benjamin Constant ou le talent d'un Casimir Delavigne, il me serait facile de vous faire un beau discours et de vous exprimer ma reconnaissance ; mais ce que j'éprouve en ce moment, je ne saurais le peindre, et je ne puis que vous en remercier. Pourtant, mon cœur sent bien tout le prix de votre amitié et de votre hommage ; j'ose dire que cette fête, toute de cœur, est peut-être unique, et que de tous les banquets qu'on célèbre à cent lieues à la ronde, il n'en est pas un où la joie soit aussi sincère et aussi désintéressée. Lorsque Charles X mit le pied sur le sol français, il dit : *Ce jour est le plus beau de ma vie.* Je puis dire de même, que celui-ci est le plus beau jour de ma vie ; il mériterait d'être rapporté dans les journaux, et j'en éprouverais un véritable plaisir. Allons, mes amis, je vous réitère mes remercîmens, et je bois à votre santé ! »

M. Huguenin a exprimé ensuite aux amis de M. Baudin combien il s'estimait heureux d'avoir saisi la ressemblance de celui qu'ils chérissent, et les a remerciés de la bienveillance de leurs éloges, qui, réellement, ne sont qu'une dette payée à son talent modeste.

Bientôt les couplets et les vers ont commencé ; chacun de ceux qui prenaient la parole s'excusait de n'être pas poète, et n'avait d'autre prétention que celle de fêter un ami : c'était la seule qui convînt ; et si quelqu'un des vers qu'on va lire ne sont ni bien poétiquement tournés, ni renfermés dans les règles étroites du rhythme, c'est qu'en cette circonstance, le cœur n'avait pas eu le temps de prendre conseil de l'esprit, et que l'élan de l'âme brise quelquefois la prison poétique qui veut la retenir sous ses murailles glacées.

M. Brous a chanté le premier en sa qualité de président.

A MON AMI.

Air : Dis-moi, mon fils, dis-moi, t'en souviens-tu ?

Je me souviens de ces jours si prospères
Où je buvais et chantais avec vous ;
A Saint-Germain, le cliquetis des verres,
Etait pour moi le concert le plus doux !
Fi ! du tracas des affaires, du monde,
On n'y jouit d'aucune liberté ;
Au moins ici nous chantons à la ronde
Vivent Baudin et la franche gaîté !　} *Bis.*

De cet ami nous aurons donc l'image ;
Grâce à l'artiste, on croira lui parler,
Et nos neveux, en voyant notre hommage,
Se convaincront qu'on a bien dû l'aimer !
Ils se diront : C'était l'ame d'une fête,
Il égayait ses joyeux compagnons ;
Il méritait surtout qu'un meilleur poëte   } *Bis.*
L'éternisât par de bonnes chansons !

L'attendrissement de M. Baudin, et les bravos des convives, ont dû prouver à M. Brous, que le cœur était toujours bon poète.

M. Fortin proposa la santé de l'honorable président et des amis de Paris, qui sont venus pour assister à cette fête. Ce toast a été accueilli avec les plus vifs applaudissemens.

M. Rolot, l'un des commissaires, fait entendre ces couplets, où le charme des pensées s'unit à la délicatesse du sentiment.

A L'AMITIÉ.

AIR : Je suis Français, mon pays avant tout.

Pour bien fêter l'ami que l'on préfère,
Est-il besoin de monter l'Hélicon ?
Franche gaîté, cœurs unis, vœu sincère,
Voilà les vers que me dicte Apollon.   *Bis.*
Pour tout encens, qu'ici le punch s'allume,
C'est le parfum de Mars et de Vénus ;
Avec éclat que le Champagne fume   } *Bis.*
Pour inspirer les enfans de Comus !

De ton portrait reçois ici l'hommage
Comme un tribut offert à l'Amitié ;
De notre amour qu'il soit aussi le gage
Crois ce serment à ton buste lié !
Que n'a-t-on pu joindre à la ressemblance
Et tes bons mots et tes couplets joyeux !
Le ciel devrait doubler ton existence
Pour les apprendre à nos derniers neveux.

Divinités, grands d'Athènes et de Rome,
Marbres vivans des rois qui ne sont plus,
Si le hasard près de vous met cet homme,
Ne fuyez pas, il avait des vertus !
La vanité n'était pas son partage,
Il fut heureux sans faste et sans grandeurs.
Ah ! si jamais on te faisait outrage,
Viens dans nos bras, te placer sur nos cœurs !

Cher Phidias, que votre muse inspire
Pour révéler les secrets d'Apollon,
Pourquoi ce dieu m'a-t-il caché sa lyre ?
C'est que lui-même il grava votre nom
Sous le parvis du temple de Mémoire,
Tout près d'Appelle et de Pygmalion.
En votre honneur il couronne de gloire
Et votre maître et la religion ! *

Tendre beauté, vous qu'il a poursuivie,
Enlacez-le de vos bras amoureux.
Anacréon, au déclin de sa vie,
Se ranimait à l'aspect de beaux yeux !

---

* Sujet du fronton de l'église de Saint-Germain

Tel nous voyons sur sa tige inclinée
Dans nos guérets le chêne de cent ans,
Nous le verrons rajeunir chaque année
Avec l'amour et les fleurs du printemps.

M. Verdot, de Paris, réclame la parole, et lit la pièce suivante.

VERS

POUR L'INAUGURATION DU BUSTE DE M. BAUDIN.

Admis à ce banquet aimable,
Quand je vois à chaque propos
Pétiller autour de la table
Et le Champagne et les bons mots ;
Lorsque l'amitié vous inspire,
Messieurs, ces refrains enchanteurs,
Je sens que le même délire
A bientôt gagné tous les cœurs.
Le mien, que le plaisir anime,
Emu par son doux sentiment,
Voudrait aussi de quelque rime
Orner un simple compliment :
Mais las ! parmi vous inconnue,
Par un peu de timidité
Ma pauvre muse est retenue,
Et voudrait le droit de cité !

Cité qui m'es déjà bien chère,
Reçois mes vœux reconnaissans ;
Non, tu ne m'es point étrangère,
Je suis presque un de tes enfans !

Tu donnais à mon premier âge
Un maître aussi bon qu'éclairé ; *
Ses préceptes étaient d'un sage ,
Et ses soins d'un père adoré.
Il est ce soir de la partie ,
Chacun le devine et sourit.
Il comptait sur sa modestie,
Et c'est elle qui le trahit.
Je te dois aussi, le dirai-je ?
Le plus précieux des bienfaits,
Un frère, un ami de collége, **
Ceux-là ne nous manquent jamais.
Au sein de tes murs que j'honore,
Une aimable hospitalité,
Un hôte plus aimable encore ***
Par son esprit et sa bonté !

Déjà pour ma reconnaissance
Voilà plus d'un titre éternel ;
Pourtant, dès ce jour, je le pense,
Il en est un plus solennel :
Je veux parler de cette fête.
Pour moi quel bonheur d'être admis
Au festin que Momus apprête
A ce bon choix de vieux amis !

Et toi que l'on fête en famille,
Dans cette douce intimité,
Dis, mon cœur au plaisir qui brille
A donc un droit de parenté ?

------

* M. Saget.
** M. Rolot fils.
*** M. Rolot père, commissaire.

Aux fleurs que l'amitié te donne
Je puis, rival de son bonheur,
Dans les tresses de ta couronne,
Moi-même, ajouter une fleur!
Je puis, aspirant à ta gloire,
Par ton doux exemple emporté,
Comme toi chanter, rire et boire,
Mais, surtout, boire à ta santé!

Tel on voit un fils de la guerre,
Au bruit des exploits d'un héros,
Quitter une rive étrangère
Pour s'enrôler sous ses drapeaux :
Enflammé du même courage,
Il va, s'élançant sur ses pas,
Fier du beau destin qu'il partage,
Cueillir la gloire ou le trépas!

Nous, mes amis, buvons encore,
Buvons au roi de ce festin !
A l'image qui le décore
Buvons, enfans de Saint-Germain !
Ah ! pardon, si, par sympathie,
Je me crois toujours de moitié ;
Mais le cœur n'a qu'une patrie,
Et c'est le sein de l'amitié !

Que dans vingt ans, toujours ensemble,
Réveillant nos vieux souvenirs,
Le même banquet nous rassemble
Pour goûter les mêmes plaisirs !
Et toi dont l'aimable sourire
Ici préside avec bonté,
Puisque la gaîté nous inspire,
Tu viendras avec ta gaîté !

> Alors nous fêterons de même
> Le buste et son modèle heureux.
> Pour t'admirer autant qu'on t'aime,
> Va, ce n'est pas trop de vous deux !

Cette pièce, dont la circonstance et l'intention font le mérite, lue avec enthousiasme, a été accueillie de même; et M. le président, voulant récompenser l'auteur par une faveur distinguée, a proposé sa santé. Les félicitations qui l'ont suivie ont été le brevet d'adoption que le jeune M. Verdot avait demandé.

M. Rolot fils, son ami, lui a succédé; et son hommage, caché sous le voile transparent d'une brillante allégorie, n'a pas eu moins d'applaudissemens et de succès.

LE BANQUET D'ÉPICURE.

Paroles de M**, musique de M**.

> Dans un banquet les amis d'Epicure
> Couronnaient son buste de fleurs,
> Et d'éloges un doux murmure
> S'échappait en vers enchanteurs !
> Entre l'artiste et le modèle
> L'hymne répétait tour à tour :
> Hommage au génie, à l'amour !
> Vivent Epicure et Praxitèle !
> Vidant sa coupe, un jeune Athénien
> S'écrie alors : Je renonce à la gloire ;
> Pour vous charmer, amis, je ne sais rien,
> Je ne sais rien que chanter, rire et boire !

Pardonnez-moi : mon inexpérience,
    Mes blond cheveux et mes vingt ans
    Ont compté sur votre indulgence
    Quand j'ai pris place dans vos rangs.
    Maître divin, ta douce école,
    Pour recruter ses vétérans,
    Veut bien admettre des enfans :
    Tiens, vois ton disciple frivole
A tes côtés, se riant du destin,
Et des rhéteurs oubliant le grimoire,
Il vient apprendre, en un joyeux festin,
Ce qui vaut mieux, à chanter, rire et boire !

Des vers heureux je vous laisse la gloire,
    Fils d'Apollon, dont le talent
    Vient d'enchanter notre auditoire ;
    Je vous écoute en admirant !.
    De la gaîté modeste apôtre,
    Moi je puis mettre à l'unisson
    Mon appétit et ma chanson ;
    Mon mérite le cède au vôtre !
Mais pour fêter dignement notre ami,
Instruisez-moi dans ce gai consistoire ;
Oh ! je ne veux rien savoir à demi
A sa santé quand il s'agit de boire !

Autour de toi vois la gaîté qui brille ;
    Lis sur nos fronts notre bonheur :
    C'est une fête de famille,
    Et nos cœurs parlent à ton cœur !
    De vin arrosons ta couronne ;
    Va, son feuillage toujours vert
    Se rit des glaces de l'hiver :
    C'est l'amitié qui te la donne ;

Mais si tu veux accomplir mon souhait,
De ce vœu seul conserve la mémoire :
Préside ici tant que ce cher portrait
Ne saura pas comme toi rire et boire !

Mes chers amis, buvons à Praxitèle !
  Par son art, il nous est permis
  D'admirer l'image fidèle
  Du plus aimable des amis :
  Oui, c'est bien là son doux sourire,
  Son front, dont la franche gaîté
  Unit l'esprit à la bonté....
  Mais, permettez-moi de le dire,
Nous préférons son modèle adoré :
Le monument qu'on élève à sa gloire
Est justement un chef-d'œuvre admiré ;
Mais il ne peut comme lui rire et boire !

Après ces stances, empreintes d'un goût vraiment attique, M. Barrois a chanté ces couplets :

VIVE L'AMI BAUDIN !

AIR : Tandis qu'en faisant sa prière.

Mes amis, en ce jour si prospère,
Réunis par la tendre amitié,
Portons une santé bien chère
Au doyen de l'aimable gaîté !
Ses qualités, son joyeux caractère,
En ce moment offrent un doux refrain :
Choquons ensemble, et vidons tous nos verres,
En répétant : Vive l'ami Baudin !   (*Ter.*)

Un artiste prudent et sage,
Comme vous partageant nos vœux,
Nous présente la douce image
De cet ami aimable et vertueux.
Pour lui prouver notre reconnaissance,
Unissons-nous, chantons ce doux refrain,
Et cet élan de l'aimable constance :
Vivent Huguenin et notre ami Baudin !

Lorsque l'inexorable Parque
Aura filé son dernier jour,
Lorsque Caron prendra sa barque
Pour le passer au noir séjour,
De l'amitié nous lui paîront la dette,
Sans oublier cet aimable refrain :
Il est là-bas, mais son buste nous reste ;
Amis, chantons : Vive l'ami Baudin !

Ce *vivat*, répété par tous les convives, n'a pas été le moindre fleuron de la couronne poétique offerte au roi du festin.

M. Rolot, commissaire, a fermé les santés par ce toast en trois feux, plein de génie et d'enthousiasme :

A M. BAUDIN, AUX ARTS ET A L'AMITIÉ.

PREMIER FEU.

A M. Baudin ! objet de notre réunion : puissent ses jours se prolonger aussi long-temps que son souvenir restera gravé dans nos cœurs !

DEUXIÈME FEU.

Aux arts ! volcan de l'imagination, dont le foyer est dans la France et brille dans l'univers : c'est par les arts, l'industrie et la valeur française que la Grèce étonnée renaîtra de ses cendres.

TROISIÈME FEU.

A l'amitié ! et aux regrets que nous éprouvons de n'avoir pu réunir celles qui la partagent ! Sans l'amitié, lien de la vie, il n'est point de parfait bonheur ; c'est elle qui nous fait goûter les douceurs de la paix, et nous console des rigueurs du sort !

Après ce toast général, l'unanimité des convives a voté pour que le procès-verbal de la fête fût dressé par les soins de trois secrétaires ; après quoi il serait imprimé par souscription, et joint au buste ainsi qu'aux médaillons du petit modèle qui doivent être moulés pour chacun des souscripteurs. On a désigné MM. Brous, Rolot et Verdot.

La séance s'est prolongée au milieu de la gaîté générale. Plusieurs convives l'ont animée par leurs couplets et leurs bons mots : MM. Fortin, Boulay et Barrois ont été particulièrement distingués. Aux refrains qu'ils empruntaient à nos meilleurs chansonniers, le jeune M. Verdot a mêlé des couplets dont il est l'auteur, et qui n'ont pas paru déplacés : les voici :

LA BOSSE,

COUPLETS CHANTÉS A L'INAUGURATION DU BUSTE DE M. BAUDIN.

Air : Comme faisaient nos pères.

Lorsque chacun dit son couplet,
 Moi, qui suis bon apôtre,
 Pour chanter comme un autre,
Je trouve toujours un sujet :
  A cette fête,
  Creusant ma tête,
D'un gai refrain j'ai tenté la conquête.
Si vous n'en avez plein le dos,
Ce refrain-là vient à propos :
Encouragez mes modestes pipeaux !
  Ma muse, un peu précoce,
  N'est pas encor colosse,
Et, pour tout bien, accouche d'une bosse !

Vous avez fait à ce repas
 Assez d'honneur, je pense.
 Consultez votre panse !
La mienne ne me trompe pas.
  Chacun sa gloire :
  Moi, rire et boire,
Voilà mon titre au temple de Mémoire.
Qu'un autre vante ses travaux,
Celui-là peut être un héros !
Moi, toujours gai, toujours frais et dispos,
  Quoiqu'un peu moins féroce,
  Héros de chaque noce,
Je mange et bois pour me faire une bosse !

Le docteur Gall avait raison
D'étudier le crâne,
A tort on le condamne :
Moi, j'aime sa combinaison !
Dans son systême
Plus de problême :
On peut juger de l'avenir lui-même :
Au bien, au mal prédestiné,
A son penchant abandonné,
Chacun, suivant que son crâne est tourné,
Porte houlette ou crosse,
Marche à pied, en carosse ;
Et tout cela c'est l'effet de la bosse !

Voyez l'artiste plein de feu !
Sous sa main, embellie,
Cette pierre anoblie
A pris la majesté d'un dieu !
Le marteau sonne :
L'or se façonne ;
De ses festons la beauté nous étonne.
Le sculpteur cueille des lauriers ;
L'orfèvre vend ses sucriers.
Gloire à l'artiste, honneur aux ouvriers !
Je dis, quoiqu'on s'en gausse,
Que l'art et le négoce
Doivent tous deux leurs succès à la bosse !

Qui sait rire? c'est un bossu :
Rien n'égale sa verve.
Chacun sait que Minerve
N'avait pas l'esprit plus cossu.
Dans son étoffe
Gai philosophe,

Il sait trouver la piquante apostrophe :
  Enfin au bruyant carnaval
  Les bossus font l'honneur du bal ;
Polichinelle a l'air si jovial !
    Masques à l'air atroce,
    Aux moustaches de brosse,
Pâlissez tous, il va rouler sa bosse !

    Messieurs, je ne finirais pas
      Si je voulais vous dire
      Du sujet qui m'inspire,
    Et les succès et les appas :
        Pourtant j'espère
        Ne pas me taire
Sans célébrer la bosse qu'on préfère :
    De ce festin que le héros
    Vienne couronner mes propos.
Allons, Messieurs, allons, quelques bravos :
      Donnez dans cette bosse,
      Et pour finir la noce,
Vive à jamais le modèle et la bosse !

Une si belle journée devait finir par une bonne action. La prévoyance de Messieurs les commissaires s'en était chargée. Ils ont fait une collecte en faveur des pauvres de la ville, et le montant a été remis dès le lendemain au bureau de charité.

A onze heures, la fête s'est terminée. M. Baudin et son buste ont été reconduits en triomphe par les convives, qui se sont ensuite séparés.

Grands, riches, voilà nos fêtes! En songeant à la variété des vôtres et au faux brillant des cercles qui vous entourent, nous nous écrions : O amitié! où donc placer ton temple? Chers amis, faut-il vous le dire; vous qui fondez l'attachement sur l'estime, vous qui rendez à la vertu seule le culte de l'amitié, son temple est dans vos cœurs!